ABCs De Quien Soy

DECRETANDO QUIéN DICE DIOS QUÉ SOY YO

LUCIA M. CLABORN

ISBN #978-1-7372116-3-1

ABC's de Quien Soy – Decretando Quién Dice Dios Que Soy Yo- Version Bilingue – Spanish & English Version

Publicado en los Estados Unidos de América
Por Lucia M. Claborn, LLC
2586 Carretera del Condado 165
Moulton, AL 35650
www.LuciaClaborn.com

Carátula de Donna L. Ammons Un Pincel Con Jesus Estudio de Arte
www.ABrushWithJesus.com

The Holy Bible, Berean Study Bible, BSB Copyright © 2016, 2018 by Bible Hub Used by Permission.
All Rights Reserved Worldwide.

New American Standard Bible. (NASB) Copyright ©1960, 1962, 1963, 1968, 1971, 1972, 1973, 1975, 1977, 1995 by The Lockman Foundation Used by permission. www.Lockman.org.

Nueva Biblia Viva, © 2006, 2008 por Biblica, Inc.® Usado con permiso de Biblica, Inc.® Reservados todos los derechos en todo el mundo.

Scripture quotations are from the ESV Bible (The Holy Bible, English Standard Version), copyright © 2001 by Crossway Bibles, a publishing ministry of Good News Publishers. Used by permission.
All rights reserved.

Scripture quotations taken from the Amplified Bible (AMPC), Copyright © 1954, 1958, 1962, 1964, 1965, 1987 by The Lockman Foundation,
Used by permission. www.Lockman.org.

Reina-Valera 1960 ® © Sociedades Bíblicas en América Latina, 1960.
Renovado © Sociedades Bíblicas Unidas, 1988. Utilizado con permiso. Si desea más información visite americanbible.org, unitedbiblesocieties.org, vivelabiblia.com,
También se utilizaron pasajes de la biblia REINA-VALERA ANTIGUA (RVA)
The Message is quoted: "Scripture taken from The Message. Copyright © 1993, 1994, 1995, 1996, 2000, 2001, 2002. Used by permission of NavPress Publishing Group.

Dedicación

Este libro está dedicado con amor a

Jael Abigail Huerta Gaeta, y a todos los niños, los innumerables hijos de Dios que necesitan saber lo mucho que son amados por Dios y como son llamados por El. ¡No dejes que el mundo te defina!
Con mucho amor,
Lucia

This book is lovingly dedicated to

Jael Abigail Huerta Gaeta and the countless other children of God who need to know how much God loves you and who He calls you! Don't allow the world to define you!

Much Love,
Lucia

Tabla De Contenido

DEDICACIÓN	III
TABLA DE CONTENIDO	V
AGRADECIMIENTOS	VII
PREFACIO	IX
INTRODUCCIÓN	XI
DECRETANDO QUIÉN SOY COMENZANDO CON LA LETRA A	2
DECRETANDO QUIÉN SOY COMENZANDO CON LA LETRA B	6
DECRETANDO QUIÉN SOY COMENZANDO CON LA LETRA C	10
DECRETANDO QUIÉN SOY COMENZANDO CON LA LETRA D	14
DECRETANDO QUIÉN SOY COMENZANDO CON LA LETRA E	18
DECRETANDO QUIÉN SOY COMENZANDO CON LA LETRA F	22
DECRETANDO QUIÉN SOY COMENZANDO CON LA LETRA G	26
DECRETANDO QUIÉN SOY COMENZANDO CON LA LETRA H	30
DECRETANDO QUIÉN SOY COMENZANDO CON LA LETRA I	34
DECRETANDO QUIÉN SOY COMENZANDO CON LA LETRA J	38
DECRETANDO QUIÉN SOY COMENZANDO CON LA LETRA K	42
DECRETANDO QUIÉN SOY COMENZANDO CON LA LETRA L	46
DECRETANDO QUIÉN SOY COMENZANDO CON LA LETRA M	50
DECRETANDO QUIÉN SOY COMENZANDO CON LA LETRA N	54
DECRETANDO QUIÉN SOY COMENZANDO CON LA LETRA O	58
DECRETANDO QUIÉN SOY COMENZANDO CON LA LETRA P	62
DECRETANDO QUIÉN SOY COMENZANDO CON LA LETRA Q	66
DECRETANDO QUIÉN SOY COMENZANDO CON LA LETRA R	70
DECRETANDO QUIÉN SOY COMENZANDO CON LA LETRA S	74
DECRETANDO QUIÉN SOY COMENZANDO CON LA LETRA T	78
DECRETANDO QUIÉN SOY COMENZANDO CON LA LETRA U	82
DECRETANDO QUIÉN SOY COMENZANDO CON LA LETRA V	86
DECRETANDO QUIÉN SOY COMENZANDO CON LA LETRA W	90
DECRETANDO QUIÉN SOY COMENZANDO CON LA LETRA X	94
DECRETANDO QUIÉN SOY COMENZANDO CON LA LETRA Y	98
DECRETANDO QUIÉN SOY COMENZANDO CON LA LETRA Z	102
ORACION DE SALVACION	106
OTROS PRODUCTOS	108
SOBRE EL AUTOR: LUCIA CLABORN	110
ACERCA DE ESTE LIBRO	112

Agradecimientos

Cuando oras y le pides a Dios por esa persona especial que te ayude a hacer tus sueños realidad, Él siempre es fiel para responder tu oración y traer a la mejor persona posible para ayudarte.

¡Para mí, esta persona es Ana E. Gaeta! Dios orquestó divinamente nuestra conexión, y ella es una gran bendición para mí al ayudarme a cumplir los deseos de mi corazón de servir a la comunidad de habla hispana con recursos para construir su fe y caminar en victoria. No podría hacer esto sin ti, Ana. ¡Gracias!

Y a Judith Taylor, mi editora. Eres una parte vital para hacer realidad mis sueños y no me gustaría estar en esta aventura con nadie más. Gracias por hacer lo que haces para que mis proyectos cobren vida. Agradezco tu amabilidad y tus afirmaciones para asegurar que todo sea solo parte del proceso. ¡Gracias!

Prefacio

¿Te gustaría estar seguro de que puedes vivir en victoria todos los días? ¡Acompáñame en esta trayectoria mientras te ayudo a alcanzar ese objetivo! Al tener este libro en tus manos, estás sosteniendo las mismas grandes y preciosas promesas que yo he aprendido a esconder en mi corazón. Esas palabras que Dios me dio para decretar diariamente, usarlas para construir mi fe y saber quién dice Dios que soy de acuerdo con Su Carta de Amor para nosotros - la Biblia.

Mientras pronunciaba estos decretos sobre mí y nuestros hijos, obtuvimos mayor revelación de nuestra autoestima y un conocimiento de la certeza que somos valiosos para Dios. ¡Esto nos llevó a vivir una vida de victoria!

Al leer cada decreto con amor estoy segura que llegarás a la misma conclusión que yo … Dios te ama. No eres un error. Tu valor es infinito.

X

Introducción

Alguna vez te preguntaste si Dios piensa en ti, y si lo hace... ¿Cuáles son los pensamientos que Él tiene para ti? ¿Cómo te llama Dios? ¿Cómo te ve Él a ti?

Estas son preguntas que me hice a mí misma cuando no conocía a Dios verdaderamente. Me preguntaba si Dios me conocía y si veía las cosas por las que estaba pasando y había pasado. Me preguntaba si Él sabía que estaba preguntándome el *por qué* estaba aquí.

Cuanto más conocía a Dios a través de Su Palabra, más quería saber cómo Él llama a sus hijos. Hice una búsqueda en la Biblia para descubrir cómo ve Él a sus hijos y lo que nos llama como un Padre amoroso.

El amor de Dios por mí fue tan abrumador ya que nunca antes había experimentado este tipo de amor incondicional. A través de mi relación con Papá Dios y Su Palabra, aprendí que era amada, única y especial. ¡Él me hizo de esa manera! ¡Él te hizo a ti de esa manera!

Los versículos de este libro te dirán quién eres y qué tienes de la A a la Z. Esta no es una lista exhaustiva; sin embargo, estos versículos confirman el amor de Dios por ti y *quién* te llama a ser. A medida que revisas las páginas y respondas las preguntas, los beneficios de saber quién eres, de acuerdo con la Palabra de Dios, te ayudarán a comprender mejor lo amad@ que eres, lo especial que eres para él.

Cuando pronuncias la Palabra de Dios sobre ti, tu cónyuge y tus hijos, es como si Dios mismo la estuviera diciendo para ti. Isaías 55:11 dice: *"Así será mi palabra que sale de mi boca: no volverá á mí vacía, antes hará lo que yo quiero, y será prosperada en aquello para que la envié."*

Para caminar en un mayor nivel de autoridad, puedes decretar la Palabra de Dios y es como si un Rey-el Rey Jesús, estuviera haciendo el decreto y todo el poder de Su Reino lo respaldara.

Dios te da instrucciones en Salmo 81:10 con respecto a decretar Su Palabra, *"Yo soy el Señor tu Dios, quien te sacó de la tierra de Egipto. ¡Pruébame! Abre bien la boca, y verás si no la lleno. ¡Recibirás toda la bendición que necesites!!"* – NBV

El último versículo que puse en mis corazón es Romanos 4:17, *"como está escrito: Te he puesto por padre de muchas gentes delante de Dios, a quien creyó, el cual da vida a los muertos, y llama las cosas que no son, como si fuesen."* – RVR1960

Te animo a decretar quién dice Dios que eres de acuerdo con los versículos de este diario. Tómate el tiempo para responder las preguntas de cada versículo y permite que Dios confirme su amor por ti.

A medida que decretas la Palabra de Dios y conoces quién Él dice que eres, tienes el poder sobrenatural del Reino de Dios que da vida a tus palabras, no volverán vacías, sino que cumplirán lo que les envíes a hacer.

Cuanto más declaras la Palabra de Dios con fe, más estarás creando tu futuro, así como el futuro de tu cónyuge e hijos. Obtendrás más conocimiento de la revelación de quién dice Dios que eres y te convertirás en lo que estás declarando sobre ti y tu familia.

¡Derrotarás las mentiras de Satanás en tu mente y afirmarás su derrota para que puedas caminar en victoria todos los días de tu vida!

En las siguientes paginas encontraras las declaraciones en Ingles en color negro y las traducciones al Español en rojo, toma en cuenta que en algunas letras en el lenguage Español no tenemos las mismas palabras que comienzen con esa letra pero estan ordenadas conforme a el abecedario en Ingles y basadas en su traducion en Ingles.

Decretando Quién Soy Comenzando Con La Letra A

Yo declaro que soy/Estoy
I Decree I Am

La niña de los ojos de Dios Deuteronomio 32:10
The Apple of God's Eye Deuteronomy 32:10

Abundantemente llena de provisión por Dios Efesios 3:20
Abundantly Provided For Ephesians 3:20

Abundando en acción de gracias Colosenses 2:7
Abounding in Faith Colossians 2:7

Como EL es, asi soy en este mundo 1 Juan 4:17
As He is in This World 1 John 4:17

Acepto en EL AMADO Efesios 1:6
Accepted in the Beloved Ephesians 1:6

Ungida 1 Juan 2:27
Anointed 1 John 2:27

Aprobada 2 Corintios 5:21
Approved 2 Corinthians 5:21

Permaneciendo en Él 1 Juan 3:24
Abiding in Him 1 John 3:24

Por nada estoy afanosa (preocupada/con ansiedad) Filipenses 4:6
Anxious for Nothing Philippians 4:6

Viviendo una vida en Abundancia Juan 10:10
Living the Abundant Life John 10:10

Encima solamente y no debajo Deuteronomio 28:13
Above Only and Not Beneath Deuteronomy 28:13

Maravillosa Salmo 118:23
Amazing Psalm 118:23

Con potestad y Autoridad Lucas 10:19
Using My Authority Luke 10:19

Recibiendo todas las cosas que pertenecen a la vida y a la piedad 2 Pedro 1:3
Receiving All Things 2 Peter 1:3

Perdonada 1 Juan 1:9
Acquitted 1 John 1:9

Decretando Quién Soy Comenzando Con La Letra B

B

Yo declaro que soy/Estoy
I Decree I Am

Bautizados con el Espíritu Santo Hechos 2:38
Baptized With Holy Spirit Acts 2:38

La esposa de Cristo 2 Corintios 11:2
The Bride of Christ 2 Corinthians 11:2

Creyente Juan 6:47
A Believer John 6:47

Sepultado con Cristo Romanos 6:4
Buried with Christ Romans 6:4

Comprada por Cristo 1 Corintios 6:20
Blood Bought 1 Corinthians 6:20

Renacida de simiente Incorruptible 1 Pedro 1:23
Born Again of Incorruptible Seed 1 Peter 1:23

Nacida de Dios 1 Juan 4:7
Born of God 1 John 4:7

Siendo conformada a la imagen de Cristo
Romanos 8:29
Being Conformed to His Image Romans 8:29

LLena de Libertad Hebreos 10:19
Full of Boldness Hebrews 10:19

Fiel Hebreos 10:39
Believing Hebrews 10:39

Bendita Gálatas 3:9
Blessed Galatians 3:9

Amada de Dios Romanos 1:7
The Beloved Romans 1:7

Confianza en el día del juicio 1 Juan 4:7
Boldness in the Day of Judgement 1 John 4:17

Bendita Gálatas 3:9
Blessed Galatians 3:9

Amada de Dios Romanos 1:7
The Beloved Romans 1:7

Yo declaro que tengo
I Decree I Have

Confianza en el dia del juicio 1 Juan 4:17
Boldness in the Day of Judgement 1 John 4:17

Decretando Quién Soy Comenzando Con La Letra C

C

Yo declaro que soy/Estoy
I Decree I Am

Hija de la promesa Romanos 9:8
A Child of the Promise Romans 9:8

Confiando en la buena obra que comenzó y perfeccionará en mí Filipenses 1:6
Confident Philippians 1:6

Escogida Efesios 1:4
Chosen Ephesians 1:4

Llamada Romanos 8:30
Called Romans 8:30

Hija de Dios Romanos 8:17
A Child of God Romans 8:17

Crucificada con Cristo Gálatas 2:20
Crucified with Christ Galatians 2:20

Completada en Él Colosenses 2:10
Complete in Him Colossians 2:10

Ciudadana del Cielo Filipenses 3:20
A Citizen of Heaven Philippians 3:20

Vestida de Justicia Efesios 6:14
Clothed with Righteousness Ephesians 6:14

Creada conforme a Dios Efesios 4:24
Created In God's Image Ephesians 4:24

Un Conquistador 1 Corintios 15:57
A Conqueror 1 Corinthians 15:57

Limpia de todo pecado 1 Juan 1:7
Cleansed from All Sin 1 John 1:7

Llamando todas las cosas que no son, como las que son Romanos 4:17

Calling Those Things Which Are Not as Though They Are Romans 4:17

Decretando Quién Soy Comenzando Con La Letra D

D

Yo declaro que soy/Estoy
I Decree I Am

Librada de las tinieblas Colosenses 1:13
Delivered from Darkness Colossians 1:13

Muertos a la Ley Romanos 7:4
Dead to the Law Romans 7:4

No más bajo la ley sino en la gracia
Romanos 6:14
Delivered from the Dominion of Sin
Romans 6:14

Vestida de la armadura de Dios Efesios 6:11
Dressed in God's Armor Ephesians 6:11

Disciplinada 1 Corintios 9:27
Disciplined 1 Corinthians 9:27

Rescatada del mal de este siglo Gálatas 1:4
Delivered from the Evils of This World
Galatians 1:4

Haciendo las obras del Padre Juan 14:12
A Do-er of the Word John 14:12

Muerta al pecado Romanos 6:2
Dead to Sin Romans 6:2

Caminando en Dominio Génesis 1:26
Walking in Dominion Genesis 1:26

Andando en la luz Juan 12:35
A Disciple of Jesus Christ John 12:35

No Dando lugar al diablo Efesios 4:27
Not Giving Place to the Devil Ephesians 4:27

Decretando Quién Soy Comenzando Con La Letra E

Yo declaro que soy/Estoy
I Decree I Am

Establecida en la fe Colosenses 2:7
Established in the Faith Colossians 2:7

Animada en la alegría Romanos 12:8
Energetic Romans 12:8

Enriquecida en la Fe 1 Corintios 1:5
Enriched in the Faith 1 Corinthians 1:5

Empoderada Efesios 6:10
Empowered Ephesians 6:10

Equipada 2 Timoteo 3:17
Equipped 2 Timothy 3:17

Elegida de Dios Colosenses 3:12
Elected of God Colossians 3:12

Gobernante en buenas obras Tito 3:8
Excellent Titus 3:8

Entusiasmada Romanos 12:8
Enthusiastic Romans 12:8

Establecida hasta el fin 1 Corintios 1:8
Established to the End 1 Corinthians 1:8

Yo declaro que tengo
I Decree I Have

Vida Eterna Juan 5:24
Everlasting Life John 5:24

A todos mis enemigos huyendo Deuteronomio 28:7
All Enemies Defeated Deuteronomy 28:7

Eterna Redención Hebreos 9:12
Everlasting Release Hebrews 9:12

Vida Eterna y pase de muerte a vida Juan 17:3
Eternal Life John 17:3

Decretando Quién Soy Comenzando Con La Letra F

Yo declaro que soy/Estoy
I Decree I Am

Financieramente Bendecida 2 Corintios 8:9
Financially Blessed 2 Corinthians 8:9

Coherederos con Cristo Romanos 8:17
A Fellow Heir with Jesus Romans 8:17

En plena certidumbre de fe Hebreos 10:22
Full of Faith Hebrews 10:22

Perdonada Colosenses 2:13
Forgiven Colossians 2:13

Libre Hebreos 2:15, Juan 8:36
Free Hebrews 2:15, John 8:36

Fiel seguidora de Cristo, llamada y elegida
Apocalipsis 17:14
A Faithful Follower of Jesus Revelations 17:14

Perdonada y limpiada de toda maldad
1 Juan 1:9
Forgiven of All Unrighteousness 1 John 1:9

Llena del Espíritu Santo Hechos 2:4
Filled with Holy Spirit Acts 2:4

Llena de Entendimiento Salmos 49:3
Full of Understanding Psalm 49:3

Libre de Condenación Romanos 8:1
Free from Condemnation Romans 8:1

Caminando en gracia para con Dios y con los hombres Luas 2:52
Walking in the Favor of God and Man Luke 2:52

Usando la Fe que vence al mundo 1 Juan 5:4-5
Using Overcoming Faith 1 John 5:4-5

Libre de Temor 2 Timoteo 1:7
Free from Fear 2 Timothy 1:7

Decretando Quién Soy Comenzando Con La Letra G

Yo declaro que soy/Estoy
I Decree I Am

Hecha heredera Efesios 1:11
Guaranteed an Inheritance Ephesians 1:11

Hija de Dios Romanos 8:16
God's Child Romans 8:16

Dotada Romanos 12:6
Gifted Romans 12:6

Llena de Dios 1 Juan 4:4
Full of God 1 John 4:4

Abundando en Gracia 2 Corintios 9:8
Graced 2 Corinthians 9:8

Hechura de Dios Efesios 2:10
God's Workmanship Ephesians 2:10

Vestida del Manto de Alegría Isaías 61:3
Wearing the Garment of Praise Isaiah 61:3

Recibiendo todas las promesas del Señor
2 Pedro 1:4
Receiving All God's Promises 2 Peter 1:4

Glorificando con mi boca a Dios y Cristo
Romanos 15:6
Glorifying God With My Mouth and Words
Romans 15:6

Vencedora porque Dios que está en mi es mayor que el que está en el mundo 1 Juan 4:4
Greater Because God in Me is Greater
1 John 4:4

Yo declaro que tengo
I Decree I Have

La medida de Fe que Dios me repartió
Romanos 12:3
Been Given the Measure of Faith Romans 12:3

Decretando Quién Soy Comenzando Con La Letra H

H

Yo declaro que soy/Estoy
I Decree I Am

Salvada Romanos 10:13
Helped Romans 10:13

Santos y sin mancha Efesios 1:4
Holy Ephesians 1:4

Una heredera Tito 3:7
An Heir Titus 3:7

Sanada por las heridas de Jesús 1 Pedro 2:24
Healed by the Stripes on Jesus Body
1 Peter 2:24

La cabeza y no la cola Deuteronomio 28:13
The Head and Not the Tail Deuteronomy 28:13

Escondida con Cristo Colosenses 3:3
Hid with Christ Colossians 3:3

Yo declaro que tengo
I Decree I Have

Una boca llena de risas Salmos 126:2
A mouthful of laughter Psalm 126:2

Consolador para que me acompañe siempre
Juan 14:16
All the Holy Spirit is: Comfort, Spirit of Truth, Teacher, Glories Jesus, Remembrance, Testimony of Jesus, a Witness of Jesus
John 14:16

Los confines de la tierra como Herencia
Salmos 2:8
The Heathen for my Inheritance Psalm 2:8

Decretando Quién Soy Comenzando Con La Letra I

Yo declaro que soy/Estoy
I Decree I Am

En este mundo pero no de el Juan 15:19
In this World but Not of It John 15:19

En Cristo gracias a El Efesios 1:10
In Christ by His Doing Ephesians 1:10

Renovada por el Espíritu Santo Tito 3:5
Indwelled by Holy Spirit Titus 3:5

Enseñada Tito 2:12
Instructed Titus 2:12

En Cristo Colosenses 3:3
In Christ Colossians 3:3

Instrumento de Justicia de Dios Romanos 6:13
An Instrument of the Righteousness of God
Romans 6:13

Nada Inferior 2 Corintios 11:5
Not Inferior 2 Corinthians 11:5

En el Espíritu Romanos 8:9
In the Spirit Romans 8:9

Yo declaro que tengo
I Decree I Have

A Jesus como intercessor Romanos 8:34
Jesus as my Intercessor Romans 8:34

Propósito del que hace todas las cosas
Efesios 1:11
An Inheritance Ephesians 1:11

Decretando Quién Soy Comenzando Con La Letra J

Yo declaro que soy/Estoy
I Decree I Am

Justificada Tito 3:7
Justified Titus 3:7

Justificada por Fe Romanos 3:28
Justified by Faith Romans 3:28

Full of Great Joy Juan 16:24
Full of Great Joy John 16:24

Justified by God Romanos 8:33
Justified by God Romans 8:33

Llena de Gozo Juan 17:13
Full of Joy John 17:13

Amando a Jesús con todo mi corazón
Romanos 10:9
Loving Jesus with my Whole Heart Romans 10:9

Justificada por la sangre de Jesús
Romanos 5:9
Justified by the Blood of Jesus Romans 5:9

Yo declaro que tengo
I Decree I Have

A Jesús como mi Señor Romanos 10:9
Jesus as My Lord Romans 10:9

Decretando Quién Soy Comenzando Con La Letra K

Yo declaro que soy/Estoy
I Decree I Am

En el Reino de Dios Mateo 6:33
In the Kingdom of God Matthew 6:33

Guardada del mal 2 Tesalonicenses 3:3
Kept From the Evil One 2 Thessalonians 3:3

Guardadora de su palabra 1 Juan 2:5
A Keeper of His Word 1 John 2:5

Llena de amabilidad Gálatas 5:22
Full of Kindness Galatians 5:22

Uno de los Sacerdotes al Servicio de Nuestro Dios Apocalipsis 5:10
One of a Kingdom of Priests Revelations 5:10

Llena de Vida 1 Juan 5:12
Knowing I Have Eternal Life 1 John 5:12

Cumpliendo tus estatutos Salmos 119:146
A Keeper of His Testimonies Psalm 119:146

Sabiendo que todas las cosas me ayudan para mi bien Romanos 8:28
Knowing All Things Work Together for My Good Romans 8:28

Descubriendo el misterio de su voluntad
Efesios 1:9
Knowing the Mystery of God's Will Ephesians 1:9

Decretando Quién Soy Comenzando Con La Letra L

Yo declaro que soy/Estoy
I Decree I Am

Prestadora a muchas gentes
Deuteronomio 28:12
A Lender Deuteronomy 28:12

Sin faltar en alguna cosa Santiago 1:4
Not Lacking James 1:4

Dueño de tierras Josué 1:3
A Landowner Joshua 1:3

Llena de vida 1 Juan 5:12
Full of Life 1 John 5:12

Vestida de Caridad Colosenses 3:14
Putting On Love Colossians 3:14

Guiada por el Espíritu Santo Romanos 8:14
Lead by Holy Spirit Romans 8:14

Luz en el Señor Efesios 5:8
The Light of the World Ephesians 5:8

Soy del Señor Romanos 14:8
The Lord's Romans 14:8

Viva Juan 11:25
Living John 11:25

En la semejanza de su resurrección
Romanos 6:5
In the Likeness of His Resurrection Romans 6:5

Amada 1 Juan 4:10
Loved 1 John 4:10

Andando en Libertad 2 Corintios 3:17
Walking in Liberty 2 Corinthians 3:17

Decretando Quién Soy Comenzando Con La Letra M

M

Yo declaro que soy/Estoy
I Decree I Am

Vivificada Colosenses 2:13
Made Alive Colossians 2:13

Un miembro del cuerpo de Cristo
1 Corintios 12:12
A Member of the Body of Christ
1 Corinthians 12:12

Ejercitando el Mover Montañas con Fe
Marcos 11:25
Exercising Mountain Moving Faith Mark 11:25

En el Ministerio de la Reconciliación
2 Corintios 5:18
A Minister of Reconciliation 2 Corinthians 5:18

Poderosa en mis dichos y hechos Hechos 7:22
Mighty in Words and in Deeds Acts 7:22

Hecha cercana por la sangre de Cristo
Efesios 2:13
Made Near to God by the Blood of Jesus
Ephesians 2:13

Renovando mi Mente Romanos 12:2
Renewing my Mind Romans 12:2

Mas que vencedor Romanos 8:37
More Than a Conqueror Romans 8:37

Motivated Filipenses 2:3
Motivated Philippians 2:3

Usando Mi Medida de Fe Romanos 12:3
Using My Measure of Faith Romans 12:3

Imagen de Gloria de Dios 1 Corintios 11:7
Made in the Image of God 1 Corinthians 11:7

Casada con cristo Romanos 7:4
Married to Jesus Romans 7:4

Poniendo la Mira en las cosas de arriba
Colosenses 3:2
Setting My Mind on the Things of God
Colossians 3:2

Teniendo la Mente de Cristo 1 Corintios 2:16
The Mind of Christ 1 Corinthians 2:16

Decretando Quién Soy Comenzando Con La Letra N

N

Yo declaro que soy/Estoy
I Decree I Am

Nueva Criatura, Nueva Creación
2 Corintios 5:17
A New Creature, a New Creation
2 Corinthians 5:17

No estando debajo Deuteronomio 28:13
Not Beneath Deuteronomy 28:13

Andando en Novedad de Vida Romanos 6:4
Walking in Newness of Life Romans 6:4

No conformada a este siglo Romanos 12:2
Not Conformed to This World Romans 12:2

Pidiendo todo en el NOMBRE de Jesús
Juan 14:14
Asking Everything in the Name of Jesus
John 14:14

No sirviendo más al pecado Romanos 6:6
Not a Slave of Sin Romans 6:6

Not pidiendo prestado más prestando
Deuteronomio 28:12
Not a Borrower Deuteronomy 28:12

No Condenada Juan 3:18
Never Under Condemnation John 3:18

Nada me faltará Salmos 23:1
Not Lacking Anything Psalm 23:1

Nunca Avergonzada Romanos 9:33
Never Put to Shame Romans 9:33

No andando conforme a la carne mas conforme al Espíritu Romanos 8:4
Not Living According to the Flesh but According to the Spirit Romans 8:4

Decretando Quién Soy Comenzando Con La Letra O

O

Yo declaro que soy/Estoy
I Decree I Am

Bendecida de toda Obra de mis manos
Deuteronomio 28:12
Overtaken With Blessings Deuteronomy 28:12

Ofrenda y Sacrificio a Dios en Olor Suave
Efesios 5:2
A Sweet-Smelling Odor Ephesians 5:2

No Ofendido 1 Corintios 8:13
Not Offended 1 Corinthians 8:13

Un Cuerpo en Cristo Romanos 12:5
One in Christ Romans 12:5

Orador de la Palabra de Dios Hechos 24:1
An Orator of God's Word Acts 24:1

Obedeciendo de Corazon Romanos 6:17
Obeying Wholeheartedly Romans 6:17

Dueña Deuteronomio 11:31
An Owner Deuteronomy 11:31

Simiente de Abraham Gálatas 3:29
Abraham's Offspring Galatians 3:29

Vencedor por la sangre del Cordero
Apocalipsis 12:11
An Overcomer Revelations 12:11

Elegida por la presencia de Dios, en santificación del Espíritu para Obedecer
1 Pedro 1:2
A Child of Obedience 1 Peter 1:2

Decretando Quién Soy Comenzando Con La Letra P

Yo declaro que soy/Estoy
I Decree I Am

Participante de la Naturaleza Divina 2 Pedro 1:4
A Partaker of the Divine Nature 2 Peter 1:4

Poseedora de todas las cosas que pertenecen a la vida 2 Pedro 1:3
The Possessor of All Things 2 Peter 1:3

Paciente Romanos 12:12
Patient Romans 12:12

Recibiendo las Promesas Hechos 2:2, 2 Pedro 1:4
Receiving the Promise Acts 2:2, 2 Peter 1:4

Una persona de oración poderosa Santiago 5:16
A Pray-er James 5:16

Llena de Paz Filipenses 4:6
Full of Peace Philippians 4:6

Prosperada 3 Juan 1:2
Prosperous 3 John 2

Llena de fruto de alabanza para confesar su nombre Hebreos 13:15
A Praiser Hebrews 13:15

Rescatada con la sangre preciosa de Cristo 1 Pedro 1:19
Purchased by the Blood of Jesus 1 Peter 1:19

Linaje Escojido 1 Pedro 2:9
A Peculiar Person 1 Peter 2:9

Protegida Salmos 138:8
Protected Psalm 138:8

Llena de Poder Marcos 16:17, Lucas 10:19
Full of Power Mark 16:17, Luke 10:19

Preparada 2 Corintios 5:5
Prepared 2 Corinthians 5:5

Olvidando lo que queda atrás y Esforzandome por lo que está delante Filipenses 3:13
Pressing Toward the Goal Philippians 3:13

Decretando Quién Soy Comenzando Con La Letra Q

Yo declaro que soy/Estoy
I Decree I Am

Juntamente en Vida con Cristo Efesios 2:5
Quickened Together with Christ Ephesians 2:5

Vivificada y Perdonada en Cristo Colosenses 2:13
Quickened Together with Him Colossians 2:13

Levantada de mi cuerpo mortal por el Espíritu que mora en mi Romanos 8:11
Quickened in my Mortal Body by the Same Spirit that Raised Jesus from the Dead Romans 8:11

Oyendo y Guardando Silencio Hechos 22:2
Quiet Acts 22:2

Permaneciendo Firme en la Fe 1 Corintios 16:13
Not a Quitter 1 Corinthians 16:13

Agradecida con el Padre que me hizo apta para participar de la suerte de los santos en luz Colosenses 1:12
Qualified to be a Partaker of God's Inheritance Colossians 1:12

Trabajando con Reposo, comiendo mi pan 2 Tesalonicenses 3:12
Working in Quietness and Eating my Own Bread 2 Thessalonians 3:12

Decretando Quién Soy Comenzando Con La Letra R

Yo declaro que soy/Estoy
I Decree I Am

Resucitada de la muerte Colosenses 2:12
Raised from the Dead Colossians 2:12

Redimida 1 Corintios 1:30
Redeemed 1 Corinthians 1:30

Arraigados y sobreedificados en él
Colosenses 2:7
Rooted in Christ Colossians 2:7

Recibiendo la justicia de Dios 2 Corintios 5:21
Righteous 2 Corinthians 5:21

Arraigado en amor Efesios 3:17
Rooted in Love Ephesians 3:17

Regocijado Romanos 5:2
Rejoicing Romans 5:2

Recibiendo todas las promesas de Dios
2 Corintios 1:20, 2 Pedro 1:4
Receiving All God's Promises 2 Corinthians 1:20, 2 Peter 1:4

Reconciliado con Dios Efesios 2:16
Reconciled to God Ephesians 2:16

Real sacerdocio, pueblo escogido 1 Pedro 2:9
Royalty 1 Peter 2:9

Reposando Hebreos 4:3
Resting Hebrews 4:3

Reinando en vida y Recibiendo gracia
Romanos 5:17
Ruling and Reigning in Love Romans 5:17

Rico 2 Corintios 8:9
Rich 2 Corinthians 8:9

Refrescada Hechos 3:19
Refreshed Acts 3:19

Con un Rostro Radiante, alumbrado
Salmos 34:5
Radiant Psalm 34:5

Reinando con dominio propio Proverbios 16:32
Ruling My Own Spirit Proverbs 16:32

Decretando Quién Soy Comenzando Con La Letra S

Yo declaro que soy/Estoy
I Decree I Am

Salvo por la muerte y vida de Jesús
Romanos 5:10
Saved by Jesus' Death and Life Romans 5:10

Estando firmes en un mismo espíritu
Filipenses 1:27
Standing Firm Philippians 1:27

Libre Juan 8:36
Set Free John 8:36

En la potencia de su fortaleza Efesios 6:10
Strong in the Lord Ephesians 6:10

Con el alma en prosperidad 3 Juan 2
Soul Prospering 3 John 2

Salvos de la ira Romanos 5:9
Saved from God's Wrath Romans 5:9

Santificados en la verdad Juan 17:17
Sanctified by Truth John 17:17

Santificado desde la matriz Jeremías 1:5
Set Apart Jeremiah 1:5

Sentado en los cielos con Cristo Jesús
Efesios 2:6
Seated in Heavenly Places Ephesians 2:6

Bendecida en toda bendición espiritual
Efesios 1:3
Spiritually Blessed Ephesians 1:3

Colocados los miembros cada uno en el cuerpo 1 Corintios 12:18
Set in the Body of Christ 1 Corinthians 12:18

Siervos de la justicia Romanos 6:18
A Servant of Righteousness Romans 6:18

Sal de la tierra Mateo 5:13
The Salt of the Earth Matthew 5:13

Segura en Jehová Salmos 37:28
Secure Psalm 37:28

Con disciplina 1 Corintios 9:25
Self-controlled 1 Corinthians 9:25

Siguiendo la verdad en amor Efesios 4:15
Speaking the Truth in Love Ephesians 4:15

Decretando Quién Soy Comenzando Con La Letra T

T

Yo declaro que soy/Estoy
I Decree I Am

Trasladado al reino de su amado hijo
Colosenses 1:13
Translated into God's Kingdom Colossians 1:13

Compasiva con otros Efesios 4:32
Tenderhearted Ephesians 4:32

Triunfantes en Cristo 2 Corintios 2:14
Thankful to God 2 Corinthians 2:14

Árbol bueno que da buen fruto Mateo 7:17
A Good Tree Matthew 7:18

Enseñando la palabra en el poder del espíritu Mateo 28:20
Teaching the Word in Holy Spirit's Power
Matthew 28:20

Dador de Diezmo Levíticos 27:30
A Tither Hebrews 7:5

Prestando atención a los mandamientos del Señor Deuteronomio 28:13
Not the Tail Deuteronomy 28:13

Testimonio de Dios 2 Tesalonicenses 1:10
A Testimony unto God 2 Thessalonians 1:10

Sin ser Tentado Santiago 1:13
Not Tempted James 1:13

Bendecida en TODA obra de mis manos
Deuteronomio 28:12
Full of God's Treasure Deuteronomy 28:12

Triunfando en Cristo Jesús 2 Corintios 2:14
Always Triumphant in Christ Jesus
2 Corinthians 2:14

Pensando en todo lo que es verdadero, todo lo honesto, todo lo justo, todo lo puro, todo lo amable, todo lo que es de buen nombre Filipenses 4:8
Thinking Right Thoughts Philippians 4:8

Teniendo una Lengua Instruida Isaías 50:4
Speaking With a Tongue of the Learned Isaiah 50:4

Templo de Dios 1 Corintios 3:16
A Temple of Holy Spirit 1 Corinthians 3:16

Decretando Quién Soy Comenzando Con La Letra U

U

Yo declaro que soy/Estoy
I Decree I Am

Sin corazón malo de incredulidad Hebreos 3:12
Not One With an Unbelieving Heart
Hebrews 3:12

Usada por Dios 1 Corintios 12:11
Used by God 1 Corinthians 12:11

Sin ser tocada por el maligno 1 Juan 5:18
Untouched by the Devil 1 John 5:18

Redimida de la maldición Gálatas 3:13
Un-tied From All Curses Galatians 3:13

En la Unidad de la Fe Efesios 4:13
In the Unity of the Faith Ephesians 4:13

Bajo un mejor ministerio Hebreos 8:6
Under a Better Covenant Hebrews 8:6

Guardando la Unidad del Espíritu Efesios 4:3
Maintaining the Unity of the Spirit Ephesians 4:3

Sin Yugo Desigual 2 Corintios 6:14
Not Unequally Yoked 2 Corinthians 6:14

Bajo la Gracia Romanos 6:14
Under Grace Romans 6:14

Plantados Juntamente en la Semejanza de su Muerte Romanos 6:5
United Together in the Likeness of Jesus
Romans 6:5

Con la Unción del Santo 1 Juan 2:20
Led by an Unction From the Holy One
1 John 2:20

En entendimiento para conocer que El es el verdadero 1 Juan 5:20
Understanding All Things 1 John 5:20

Decretando Quién Soy Comenzando Con La Letra V

Yo declaro que soy/Estoy
I Decree I Am

En la victoria por nuestro Señor Jesucristo
1 Corintios 15:57
A Victorious Child of God 1 Corinthians 15:57

Con Vida en Cristo en su gran amor por mi
Efesios 2:4-5
Valued Ephesians 2:4-5

En manifestación especial del Espíritu para el bien de los demás
1 Corintios 12:7
Very Obedient to the Voice of Holy Spirit 1 Corinthians 12:7

Virtuosa Proverbios 31:10
Virtuous Proverbs 31:10

Velando y Vigilante 1 Pedro 5:8
Vigilant 1 Peter 5:8

Siguiendo la Voz del Buen Pastor Juan 10:4
A Listener to the Voice of the Good Shepherd John 10:4

En la Victoria que Vence al mundo 1 Juan 5:4
Victorious Over the World 1 John 5:4

Recibiendo las Visiones de Dios Hechos 2:17
Receiving God's Visions Acts 2:17

Valiente en la Victoria Salmos 60:12
Valiant Psalm 60:12

Decretando Quién Soy Comenzando Con La Letra W

Yo declaro que soy/Estoy
I Decree I Am

En Riqueza Deuteronomio 8:18
Wealthy Deuteronomy 8:18

Hechura suya, criados en Cristo para buenas obras Efesios 2:10
God's Workmanship Ephesians 2:10

Habitando en la palabra de Dios en toda abundancia en sabiduría Colosenses 3:16
A Lover of the Word of God Colossians 3:16

Dando testimonio desde el principio Juan 15:27
A Witness of Jesus Christ John 15:27

Lleno de la palabra de Dios viva y eficaz
Hebreos 4:12
Full of the Life-giving Word of God
Hebrews 4:12

Lavado de mis pecados con la sangre de Cristo Jesús Apocalipsis 1:5
Washed in the Blood of Jesus Revelations 1:5

Con acceso a abundante sabiduría
Santiago 1:5
Full of Wisdom James 1:5

Caminando en Fe 2 Corintios 5:7
Walking in Faith 2 Corinthians 5:7

Llena de ciencia en consejos Proverbios 8:12
Full of Witty Inventions Proverbs 8:12

Usando las armas poderosas en Dios para la destrucción de fortalezas 2 Corintios 10:4
Using My Supernatural Weapons of Warfare
2 Corinthians 10:4

Sacudiendo a mis enemigos Salmos 44:5
A Warrior Psalm 44:5

Creación admirable y maravillosa Salmos 139:14
Wonderfully and Fearfully Made Psalm 139:14

Sin mancha Efesios 1:4
Without Blame Ephesians 1:4

Adorando Filipenses 3:3
A Worshipper Philippians 3:3

Hacedor de todo lo que es verdadero y justo
Filipenses 4:8
A Doer of Whatever is True and Just
Philippians 4:8

Capaz en Cristo 2 Timoteo 1:12
Well Able 2 Timothy 1:12

Decretando Quién Soy Comenzando Con La Letra X

X

Yo declaro que soy/Estoy
I Decree I Am

Beneficiario de las preciosas y eXtremadamente grandes promesas de Dios 2 Pedro 1:4
A Beneficiary of the Exceeding Great and Precious Promises of God 2 Peter 1:4

En el pacto de Dios, y que es capaz de hacer en excedencia más abundantemente de lo que pedimos o entendemos, por la potencia que, obra en nosotros Efesios 3:20
In the Covenant of Knowing God is able to do Exceedingly Above and Beyond All That I Could Ask or Imagine Ephesians 3:20

Procurando ser excelente para la edificación de la iglesia 1 Corintios 14:12
Excelling in Building Up the Church
1 Corinthians 14:12

Hablando cosas excelentes; Y abriendo mis labios para cosas rectas Proverbios 8:6
Listening to Excellent Things Proverbs 8:6

Decretando Quién Soy Comenzando Con La Letra Y

Yo declaro que soy/Estoy
I Decree I Am

Enseñada desde mi mocedad; Y hasta ahora manifestando las maravillas de Dios
Salmos 71:17
Taught From My Youth Psalm 71:17

Cediendo en Obediencia Romanos 6:16
Yielding to Obedience Romans 6:16

Ayuda con los que trabajan en el evangelio
Filipenses 4:3
A Yokefellow With Jesus Philippians 4:3

Corriendo Y sin cansarme, Caminando Y sin fatigarme Isaías 40:31
Living With My Youth Restored Isaiah 40:31

Rejuvenecida como el águila Salmos 103:5
Having My Youthful Strength Restored as the Eagles Psalm 103:5

Liberada del Yugo Gálatas 5:1
Un-Yoked from Bondage Galatians 5:1

En vida Y como instrumento de justiciar Romanos 6:13
Not Yielding to Unrighteousness Romans 6:13

Decretando Quién Soy Comenzando Con La Letra Z

Z

Yo declaro que soy/Estoy
I Decree I Am

Redimido de toda iniquidad y celoso de buenas obras Tito 2:14
Zealous for Good Works Titus 2:14

Zion (Sión) - la morada de Dios Salmo 133:3
Zion - God's Dwelling Place Psalm 133:3

Con fervor para hacer el bien Tito 2:14
Zealous to Serve God Titus 2:14

Con los Zapatos en los pies lista Éxodo 12:11
Full of Zeal for God 2 Corinthians 7:11

Enseñada en el pasaje de la Zarza Lucas 20:37
Zealous for Spiritual Gifts 1 Corinthians 14:12

Zoe - llena de vida Juan 10:10
Zoe - Full of Life John 10:10

Oracion de Salvacion

Padre Celestial, vengo a ti en el Nombre de Jesús. Tu Palabra dice: "Aquel que invocare el nombre del Señor, será salvo". Hechos 2:21. Hoy estoy ante ti y te pido ayuda. Oro y le pido a Jesús que entre en mi corazón. Reina sobre mi corazón de acuerdo con Romans 10:9-10 ¿Y cuál es el "mensaje vivo" de Dios? Es la revelación de la fe para la salvación, que es el mensaje que predicamos. Porque si declaras públicamente con tu boca que Jesús es el Señor y crees en tu corazón que Dios lo levantó de los muertos, experimentarás la salvación. El corazón que cree en él recibe el don de la justicia de Dios, y luego la boca da gracias y se confiesa para la salvación ". Hago eso ahora. Creo en mi corazón que Dios lo levantó de entre los muertos y confieso que Jesús es Señor. ¡Ahora nací de nuevo! Soy cristiano, - Elegido como hijo de Dios Todopoderoso!

Tu palabra también dice, "Pues, si ustedes, aun siendo malos, saben dar cosas buenas a sus hijos, ¡cuánto más el Padre celestial dará el Espíritu Santo a quienes se lo pidan!" Lucas 11:13 Te pido que me llenes del Espíritu Santo. Espíritu Santo, levántate dentro de mí mientras alabo a Dios. Espero hablar en otras lenguas a medida que me das expresión. "Todos fueron llenos del Espíritu Santo y comenzaron a hablar en diferentes lenguas, según el Espíritu les concedía expresarse." Hechos 2:4

Ahora, adore y alabe a Dios mientras está lleno del Espíritu Santo y habla en su idioma celestial u otras lenguas.

Otros Productos

Libros

Traducción al Español
ABC's De Quien Soy
ABC's De Quien Soy Diaro
En Visperas De Tu Victoria

English Translation
ABC's of Who I Am
ABC's of Who I Am Journal
Your Victory In The Making

Podcast
Secrets to Victorious Living

Sobre el Autor: Lucia Claborn

Como la mayoría de las personas, Lucia Claborn se ha enfrentado a muchos desafíos en su vida; Sin embargo, ha aprendido a confiar en el poder Y la AUTORIDAD de Jesucristo, haciendo de la palabra de Dios su autoridad final en la vida. Sabe que Dios es más que suficiente para satisfacer todas sus necesidades; y Jesús es el mismo ayer, hoy y mañana.

Está firmemente arraigada en el hecho de que Jesús vino a traer vida y vida en abundancia. Ella cree que la palabra hablada tiene poder y que Dios le da a Sus Hijos la autoridad para caminar en dominio, gobernar y reinar en su mundo. El deseo de su corazón es enseñar a las personas a mantenerse firmes en la Palabra de Dios, DECRETAR Y DECLARAR la existencia de su mundo deseado y liberar su fe para recibir los deseos de su corazón. Ella anima a otros a vivir una vida victoriosa cambiando sus PENSAMIENTOS y PALABRAS de derrota negativos a DECLARACIONES positivas y llenas de fe. Lo que sea la montaña en tu vida, puedes vencerla con la Sangre del Cordero y la palabra de tu testimonio.

Lucía lleva más de 30 años escribiendo y ha sido publicada en numerosos periódicos, revistas y publicaciones periódicas. Está casada con Danny y tienen cuatro hijos adultos: Daniel (Magen), McKenzie (Jake), Emily (Tyler) y Katie; tres nietos, Brantley, Jackson y Kennedy. Tienen su hogar en Alabama.

Acerca de Este Libro

Si quieres cambiar tu mundo, ¡Cambia lo que estás hablando! Los decretos de fe "Yo soy" en este libro te darán una comprensión más clara de quién eres en Jesucristo. Esto construirá tu confianza para caminar en un mayor nivel de victoria en todas las áreas de tu vida al decretar estas verdades con fe. Te verás a ti mismo a través de los ojos de Dios, tal como Él te ve en Su Palabra.

Estas son las promesas de quien Dios dice que eres, como hijo de Dios que nació de nuevo. Cuando decretas las promesas de Dios, escritas en Su Palabra, sobre ti y tu familia, no puedes dejar de producir una cosecha y traer la riqueza y la plenitud de la vida eterna a tu vida aún mientras estás aquí en la tierra. La Palabra de Dios no solo describe un futuro glorioso, ¡es el medio designado por Dios para crear el futuro que deseas para ti y tu familia!

Al decretar la Palabra de Dios sobre tu vida y tu familia, no volverás con las manos vacías. Producirá una gran cosecha según Isaías 55:10-11 que dice: *"Porque como desciende de los cielos la lluvia, y la nieve, y no vuelve allá, sino que harta la tierra, y la hace germinar y producir, y da simiente al que siembra, y pan al que come, Así será mi palabra que sale de mi boca: no volverá á mí vacía, antes hará lo que yo quiero, y será prosperada en aquello para que la envié."* RVA

www.ingramcontent.com/pod-product-compliance
Lightning Source LLC
Chambersburg PA
CBHW070917080526
44589CB00013B/1340